BEI GRIN MACHT SICH IHR WISSEN BEZAHLT

AF152808

- Wir veröffentlichen Ihre Hausarbeit, Bachelor- und Masterarbeit

- Ihr eigenes eBook und Buch - weltweit in allen wichtigen Shops

- Verdienen Sie an jedem Verkauf

Jetzt bei www.GRIN.com hochladen und kostenlos publizieren

Der Einfluss von Social Media auf das Reputationsmanagement

Wie können Unternehmen mit Shitstorm umgehen und es in positive Impulse umwandeln?

Aslihan Bagbasi

Bibliografische Information der Deutschen Nationalbibliothek:

Die Deutsche Nationalbibliothek verzeichnet diese Publikation in der
Deutschen Nationalbibliografie; detaillierte bibliografische Daten sind
im Internet über http://dnb.d-nb.de abrufbar.

ISBN: 9783389042793
Dieses Buch ist auch als E-Book erhältlich.

© GRIN Publishing GmbH
Trappentreustraße 1
80339 München

Druck und Bindung: Books on Demand GmbH, Norderstedt Germany
Gedruckt auf säurefreiem Papier aus verantwortungsvollen Quellen

Das vorliegende Werk wurde sorgfältig erarbeitet. Dennoch
übernehmen Autoren und Verlag für die Richtigkeit von Angaben,
Hinweisen, Links und Ratschlägen sowie eventuelle Druckfehler keine
Haftung.

Das Buch bei GRIN: https://www.grin.com/document/1488028

Der Einfluss von Social Media auf das Reputationsmanagement: Wie können Unternehmen mit Shitstorm umgehen und es in positive Impulse umwandeln?

Hausarbeit im Modul: Reputationsmanagement zwischen Legitimation, Verantwortung und Vertrauen

Im 4. Fachsemester

Wirtschaftswissenschaften

Unternehmenskommunikation

Eingereicht von:
eingereicht am:

Aslihan Bagbasi
31.07.2023

Inhaltsverzeichnis

Abbildungsverzeichnis

[Die Abbildung ist aus urheberrechtlichen Gründen nicht im Lieferumfang enthalten.]

1. Einleitung

1.1 Problemdarstellung

Social-Media hat für Unternehmen eine ganz besondere Bedeutung. Social-Media kann Unternehmen dabei helfen, ihren Bekanntheitsgrad zu steigern und eine positive Reputation hervorrufen. Jedoch müssen Unternehmen aufpassen, wie sie sich als Unternehmen präsentieren. Dies gilt sowohl außerhalb als auch innerhalb von Social-Media. Denn tätigen Unternehmen falsche Aussagen oder verhalten sich unmoralisch, kann es schnell zu einem Shitstorm kommen, wodurch die Reputation rasant sinken kann. Unternehmen müssen bei einem Shitstorm schnell handeln und den Shitstorm so schnell wie möglich stoppen, um nicht in Schwierigkeiten zu geraten.

1.2 Zielsetzung und Vorgehensweise

In dieser Hausarbeit soll untersucht werden, wie Unternehmen mit Shitstorm umgehen und diesen in positive Impulse umwandeln können. Zuerst werden die wichtigsten Aspekte der Reputation wiedergegeben. Dazu zählen Definitionen, Bedeutungen und Erläuterungen. Das folge Kapitel, bezieht sich hauptsächlich auf Shitstorm. Hierbei werden Begriffe, Ursachen und Auswirkungen wiedergegeben. Im nächsten Kapitel werden Maßnahmen aufgeführt wie Unternehmen mit dem Shitstorm umgehen können. Zum Schluss werden verschiedene Unternehmensbeispiele erläutert.

2. Theoretische Fundierung

2.1. Definitionen Reputation und Reputationsmanagement

Bei der Reputation handelt es sich um den Ruf eines Unternehmens oder einer Organisation, welcher durch die Wahrnehmung und Interpretation durch verschiedene Gruppen beeinflusst wird. Das Reputationsmanagement beinhaltet Planung, Aufbau, Pflege, Steuerung und Kontrolle des Ansehens des Unternehmens oder der Organisation in Bezug aller relevanten Stakeholder.[1]

2.2 Die Bedeutung Reputationsmanagements für Unternehmen

Das Reputationsmanagement ist für Unternehmen von großer Bedeutung. Das Reputationsmanagement hilft dabei, den Ruf eines Unternehmens oder einer Organisation langfristig positiv zu halten. Dies ist besonders wichtig, weil ein positives Image viele Vorteile mit sich bringt. Zum einen kann ein gutes Image den Bekanntheitsgrad steigern. Spricht sich das Unternehmen oder die Organisation positiv herum, wird Mundpropaganda gefördert, was eine effektive Werbemöglichkeit ist. Der gute Ruf hilft dabei, Kund:innen in Markenbotschafter:innen umzuformen und Interessenten auch ihre Social-Media-Kanäle zu ziehen. Durch guten Ruf steigt zudem auch die Glaubwürdigkeit, was dazu führt, dass Kund:innen in das Produkt oder der Dienstleistung investieren, was zu einer Umsatzerhöhung führt. Durch eine gute Reputation können Unternehmen nicht nur Kund:innen, sondern auch zukünftige Mitarbeiter:innen gewinnen. Hat ein Unternehmen z.B. positive Bewertungen im Internet, steigt die Wahrscheinlichkeit auch zukünftige Bewerber:innen. Der Ruf eines Unternehmens hat auch Einfluss auf den Wert des Unternehmens. Denn hat das Unternehmen einen guten Ruf auf dem Markt, so steigt das Interesse der Investor:innen und Anleger:innen.[2]

---

[1] Lies, Prof. Dr. J.: Reputationsmanagement Definition: Was ist „Reputationsmanagement", unter: https://wirtschaftslexikon.gabler.de/definition/reputationsmanagement-52687#:~:text=Begriff%3A%20Das%20Reputationsmanagement%20umfasst%20Planung,gruppen bezogenen%20Wahrnehmungs%2D%20und%20Interpretationsvorgängen%20ergibt., Aufruf am: 01.07.2023
[2] O.V.: Reputationsmanagement: Wie Sie sich von der besten Seite zeigen, vom 22.05.2020, unter: https://www.ionos.de/digitalguide/online-marketing/verkaufen-im-internet/was-bedeutet-reputationsmanagement/, Aufruf am 03.07.2023

2.3 Die Rolle von Social-Media für Unternehmen

Social-Media kann dabei helfen, den Bekanntheitsgrad von Unternehmen zu steigern und sich ins positive Licht zu rücken. Die Nutzerzahlen führen aber erst zu einem hohen Zielpublikum, wenn sie im B2B-Marketing tätig werden. Eine Analyse genauer Zahlen ist meist jedoch schwierig, weil es meistens vorkommt, dass eine Person mehrere Konten besitzt oder als Gastnutzer:innen unterwegs sind. Nicht jedes Soziale-Netzwerk ist für jede Art von Unternehmen geeignet. Unternehmen müssen je nach Strategie, Ausrichtung und Größe ihres Unternehmens die passenden Social-Media finden. Social-Media dabei helfen, verschiedene Unternehmensziele zu erreichen. Zum einen können soziale Netzwerke dabei helfen, gutes Reputationsmarketing zu betreiben. Sind Unternehmen auf Social-Media präsent, steigt der Bekanntheitsgrad. Gibt sich das Unternehmen besonders positiv, Preis kommt eine gute Reputation zustande. Durch den hohen Bekanntheitsgrad können Multiplikator:innen und Medienvertreter:innen auf das Unternehmen aufmerksam werden und dafür sorgen, dass das Unternehmen ihre Präsenz stärkt. Social-Media ist ebenfalls ein ideales Recruiting Mittel. Durch Social-Media können zukünftige Bewerber:innen auf das Unternehmen aufmerksam werden und sich auf offene Stellen bewerben. Zudem kann durch Social-Media auch die Kundenbindung gepflegt werden. Was hier unterschieden werden muss, ist, dass es sich bei dieser Kundenbindung nicht um neu, sondern bestehende Kunden handelt. Durch Social-Media kann auch Viral-Marketing betrieben werden, wenn Unternehmen Content kreieren und Nutzer:innen ihn dann teilen. Social-Media fördert zudem auch die Mundpropaganda. Über Empfehlungen und Bewertungen verbreitet sich die Bekanntheit und ein positiver Ruf und Mundpropaganda entstehen. Ein anderer wichtiger Punkt ist Crowdsourcing. Unternehmen können, das Wissen und die Kreativität der Nutzer:innen nutzen, um neue Ideen zu schaffen. Zudem ist Social-Media auch ein wichtiger Bestandteil der Krisenkommunikation. Social-Media kann dabei helfen, Negativ-Publicity entgegenzuwirken. Unternehmen können schnell auf Kritik reagieren und verhindern, dass dem Unternehmen auf irgendeiner Weise geschadet wird.[3]

---

[3] Vgl. Heymann-Reder, D.: Social Media Marketing Erfolgreiche Strategien für Sie und Ihr Unternehmen, 1. Auflage,2011, S. 21 ff.

3. Shitstorm und Social-Media

3.1 Definition und Verlauf des Shitstorms

Wenn eine öffentliche Empörung im Internet zustande kommt, spricht man von einem Shitstorm. Dies kommt häufig auf Social-Media, Blogs oder in den Kommentarbereich von Onlinemagazinen zustande. Der Shitstorm bezieht sich meist auf Personen oder Unternehmen und kann zum Teil als Cybermobbing bezeichnet werden.[4] grundsätzlich durchläuft der Shitstorm fünf Phasen. In der ersten Phase machen sich Anfangssignale bemerkbar. Hierzu gehören noch einzelne oder begrenzte negative Äußerungen auf Social-Media. Falls Unternehmen Präventivmaßnahmen durchsetzen, könnten sie mit großer Wahrscheinlichkeit den Shitstorm verhindern. Konnten Unternehmen den kommenden Shitstorm nicht stoppen, wird in die zweite Phase übergegangen. In der zweiten Phase verbreitet sich der Shitstorm enorm und die Zahl an Beteiligten steigen. In der dritten Phase, welche als die Eskalationsphase bekannt ist, steigt der negative Inhalt in den Sozialen-Netzwerken enorm. Hinzukommen empörende und beleidigen Kommentare bis hin zu Drohungen gegenüber der Person oder dem Unternehmen. Wenn sich die Online-Gemeinschaft zusammenschließt, könnten sie zu einer unkontrollierbaren und selbstverstärkenden Gemeinde werden. In der vierten Phase wird der Shitstorm langsam weniger. Vereinzelte negative Kommentare werden weniger und die Gemeinde zieht sich zurück. In der letzten Phase führt das Unternehmen Nachbereitungen durch. In dieser Phase werden die Ursachen des Shitstorms analysiert, und über Maßnahmen gesprochen, die durchgeführt werden können, um einen zukünftigen Shitstorm zu verhindern.[5]

3.2 Ursachen für Shitstorm

Ein Shitstorm kann verschiedene Ursachen haben. Eine der bekanntesten Ursachen sind umstrittene Äußerungen. Wenn eine Person oder ein Unternehmen eine unangemessene Aussage tätigt und diese beleidigend, diskriminierend, unethisch oder auf einer anderen Art und Weise inakzeptabel ist, kann schnell ein Shitstorm entstehen. Neben Worten können auch Taten von Personen oder Unternehmen einen Shitstorm auslösen. Marketingkampagnen, welche moralisch

---

[4] Bendel, Prof. Dr. O,: Shitstorm Definition: ,,Was ist Shitstorm?", unter:
https://wirtschaftslexikon.gabler.de/definition/shitstorm-123243, Aufruf am: 11.07.2023
[5] O.V.: Shitstorm: Definition, Beispiele und wie du bestmöglichst mit der Empörungswelle umgehst, vom: 27.06.2023, unter: https://www.acquisa.de/magazin/shitstorm, Aufruf am: 25.07.2023

nicht vertretbar sind, können schnell einen Shitstorm auslösen. Ein falscher Inhalt kann ebenfalls eine Ursache für einen Shitstorm sein. Werden durch die Kommunikation Botschaften missverstanden und fehlinterpretiert, kann dies zu einem Shitstorm führen. Vor allem auf Social-Media verbreiten sich diese Arten von Fehlern enorm. Eine mangelnde Produktqualität ist ebenfalls eine bekannte Ursache. Durch die mangelhafte Qualität kann es zu massiven Beschwerden kommen. Die Kund:innen fühlen sich betrogen und geben das auf Social-Media bekannt. Ein Shitstorm kann auch dann zustande kommen, wenn die Erwartungen der Kund:innen nicht erfüllt sind. Hierzu gehören Kriterien wie Kundenservice, Lieferzeit oder Funktionsfehler. [6]

3.3 Die Auswirkungen von Shitstorm auf Unternehmen

Diese Ursachen können massive Folgen für das Unternehmen haben. Ein Shitstorm besteht aus mehreren negativen Meinungen und Bewertungen. Werden diese Online aufgelistet, entsteht eine Rufschädigung. Dadurch verlieren Kund:innen, Interessent:innen und Investor:innen ihr Vertrauen und ihr Interesse an dem Produkt oder der Dienstleistung. Wenn das Interesse verloren geht und die Kund:innen das Produkt oder die Dienstleistung weniger bzw. gar nicht mehr in Anspruch nehmen, sinkt auch der Umsatz und das Unternehmen erzielt einen geringen bis gar keinen Gewinn mehr. Der Shitstorm kann zudem auch zu einem Kundenverlust führen und dazu verleiten, dass Kund:innen das Produkt oder die Dienstleistung der Konkurrenz in Anspruch nehmen. In den meisten Fällen kann der Shitstorm auch rechtliche Konsequenzen mit sich ziehen. Hierzu zählen z. B. Bußgelder oder auch Strafanzeigen. Durch den Shitstorm können Unternehmen ebenfalls Geschäftspartner:innen und Investor:innen verlieren. Verlieren Investor:innen ihr Vertrauen gegenüber dem Unternehmen, wird das Unternehmen Probleme bezüglich der Kapitalbeschaffung haben. Das Unternehmen würde ebenso darunter leiden, ihre Geschäftspartner beizubehalten oder neue zu gewinnen. Hier ist zu beachten, dass sich die Auswirkung des Shitstorms von der Größe des Vorfalls, der Reaktion des Unternehmens abhängig ist. Wenn Unternehmen schnell Maßnahmen ergreifen, können sie die Dauer begrenzen und den Ruf des Unternehmens wiederherstellen.

---

[6] a. a. O. unter: https://www.acquisa.de/magazin/shitstorm, Aufruf am 25.07.2023

4. Der Umgang mit Shitstorm

4.1 Maßnahmen zur Vorbeugung

Damit Unternehmen ihre Krisen im Unternehmen erfolgreich bewältigen und ihre positive Reputation beibehalten, müssen sie ein effektives Krisenmanagement betreiben. In diesem Fall muss Krisenkommunikation betrieben werden. Die Krisenkommunikation vermittelt schnelle, klare und situationsgerechte Informationen an die richtigen Anspruchsgruppen. Dies ist besonders wichtig, um Shitstorm zu vermeiden. Vier Maßnahmen sind in dieser Situation besonders zu beachten. Zum einen gibt es die Betroffen Botschaft. Diese bildet den Anfang jeder Krisenkommunikation. Es ist besonders wichtig,Mitgefühl und Anteilnahme zu zeigen. Dies gilt auch für die Beziehungen mit Mitarbeiter:innen,Lieferant:innen, Kund:innen oder anderen Gruppierungen. Die Betroffen Botschaft sollte je nach Schwere der Krise angepasst werden. Oftmals reicht ein einfaches Statement, in manchen Fällen müssen Unternehmen aber auch Taten vollbringen, um das Vertrauen ihrer Kund:inenn wiederherstellen zu können. Ebenso gibt es die Faktenbotschaft. Diese ist dringend erwünscht bzw. in den meisten Fällen auch verpflichtet. Es ist oftmals nicht einfach, alles bis ins kleinste Detail zu wissen. Dennoch ist es wichtig, Fakten herauszuarbeiten und diese offen zu kommunizieren. Bei der Aktionsbotschaft geht das Unternehmen mit Taten gegen die Krise vor. Sie verdeutlicht, wie Unternehmen aktiv mit Krisen umgehen. Die Aktionen können je nach Art und Stärke der Krise variieren. Hierzu zählen ggf. Produktrückrufe oder Verbesserungen bezüglich der Qualität des Produktes oder der Dienstleistung. Die Untersuchungsbotschaft, die die Abrundung in der Krisenkommunikation. Bei der Untersuchungsbotschaft wird die Ursache der Krise erfolgreich untersucht. Zusammenfassen sind alle vier Maßnahmen der Grundbaustein, um eine erfolgreiche Krisenkommunikation zu betreiben und Shitstorm vorzubeugen.[7]

---

[7] Vgl.Thießen, A, : Handbuch Krisenmanagement, 2.Auflage 2014, S. 283 ff.

4.2 Statistik-War ihr Unternehmen schon einmal von Shitstorm betroffen?

Im Jahr 2015 wurden 971 Unternehmen und öffentliche Einrichtungen deutschlandweit vom Bundeskriminalamt online befragt, ob ihr Unternehmen jemals einen Shitstorm erlitten hat. Auf der y-Achse ist der Anteil aller Befragten aufgelistet. In der x-Achse können die Antworten entnommen werden, welche das Unternehmen abgegeben hat. Hierbei wird zwischen nur einmal, mehrmals, noch nie, oder weiß ich nicht/keine Angabe unterteilt.

[Die Abbildung ist aus urheberrechtlichen Gründen nicht im Lieferumfang enthalten.]

Abbildung 1: War ihr Unternehmen schon einmal von einem Shitstorm im Internet betroffen? Unter: https://de.statista.com/statistik/daten/studie/545944/umfrage/anteil-der-von-shitstorms-betroffenen-unternehmen-in-deutschland/, Aufruf am: 29.07.2023

81 % der Befragten gaben an, noch nie von einem Shitstorm betroffen worden zu sein. 13 % waren sich unsicher oder haben keine Angaben gegeben. Nur 3 % der Unternehmen sind ein oder mehrmals vom Shitstorm betroffen worden. Da hier nur wenige Unternehmen befragt wurden und die Statistik 8 Jahre her ist, kann sich im Laufe der Jahre vieles verändert haben. Aktuelle Zahlen sind aber noch nicht erschienen, ob diese analysiert werden, ist unklar.

4.3 Wie können Unternehmen den Shitstorm in positive Impulse umwandeln?

Wenn Unternehmen den Shitstorm, den sie erleiden, in positive Impulse umwandeln wollen, müssen sie durchdacht und proaktiv vorgehen. Unternehmen können hierbei mehrere Maßnahmen ergreifen. Zum einen ist es wichtig, dass die Unternehmen frühzeitig reagieren. Deshalb sollten Unternehmen ihre Social-Media-Kanäle regelmäßig nach Kommentaren und Feedback überprüfen. Zudem ist es wichtig, dass Unternehmen offen kommunizieren und sich aktiv an der Kritik beteiligen, in dem sie z. B. auf die negativen Kommentare in den Kommentarfeldern eingehen und diese nicht ignorieren oder löschen. Unternehmen sollten sich zudem auch für ihre Taten und Worte entschuldigen. Eine aufrichtige Entschuldigung kann dabei helfen, die Kund:innen zu beruhigen. Unternehmen sollten zudem auch Influencer:innen und Fürsprecher:innen zu engagieren. Positive Meinungen können. Dabei helfen, positive Impulse zu verbreiten und den Shitstorm ausklingen zu lassen. Die Meinungsführer:innnen sollten aber vorsichtig sein und aufpassen, dass sie nicht selbst einen Shitstorm erleiden.

5. Wie Unternehmen mit Shitstorm umgegangen sind

5.1 Unternehmen, die gut mit Shitstorm umgegangen sind

Ein Unternehmen, welches es erfolgreich aus dem Shitstorm geschafft hat, ist das Unternehmen Starbucks. Ein Vorfall, welcher sich Mitte April in Philadelphia ereignete, sorgte für massives Aufsehen und sorgte für einen starken Shitstorm gegenüber dem Unternehmen. Zwei afroamerikanische Männer wurden in Handschellen aus dem Café geführt, weil einer von Ihnen die Toilette benutzen wollte, ohne vorher etwas bestellt zu haben. Laut Angaben der beiden Männer wollten sie, bevor sie etwas bestellen, auf ihren Geschäftspartner warten. Dieser Vorfall fokussierte sich massiv auf das Thema Rassismus und war ein Auslöser für Veränderungen des Cafés. Die beiden wollten vorerst den Staat Philadelphia und

Starbucks verklagen. Jedoch entschieden sie sich für einen symbolischen Schadensersatz in Höhe von 1 USD und verlangten, dass 200.000 USD an eine Initiative für junge Unternehmer:innen gespendet werden. Das Video der Festnahme sorgte enormen Druck und Shitstorm bei Starbucks aus. Um den Shitstorm zu stoppen, ist Starbucks den beiden Männern entgegengekommen, indem sie ihre Studienkosten finanziert haben. Damit Kund:innnen wieder Vertrauen in den Unternehmen schöpfen und sich sicher sein können, dass so etwas nicht erneut passiert, hat das Unternehmen alle Starbucks Filialen für einen Tag geschlossen und ein Antirassismus Training durchgeführt und die Angestellten, die diesen Skandal ausgelöst hatten, gekündigt. Diese Shitstorm-Betätigung zeigt auf, dass eine öffentliche Diskussion auch massive positive Veränderungen mit sich bringen kann.[8]

5.2 Unternehmen, die schlecht mit Shitstorm umgegangen sind

Das Unternehmen United Airlines hingegen ist mit ihrem Shitstorm schlecht umgegangen. Der Shitstorm, welcher für weltweites Aufsehen erregte, ereignete sich 2017 am Bord von Flug 3411. Der Flug, welcher von Chicago nach Louisville abfliegen sollte, war überbucht. Jedoch brauchte das Unternehmen Platz für ihre Mitarbeiter:innen. Die United Airlines bot zuerst eine Entschädigung in Höhe von 400 USD und einer Hotelübernachtung an, damit manche Passagier:innen das Flugzeug verlassen haben, forderte das Personal weitere vier weitere Passagier:innen auf, das Flugzeug zu verlassen. Als ein Passagier sich jedoch weigerte, eskalierte die Situation. Weil sich der Passagier weigerte, das Flugzeug zu verlassen, rief das Personal den Sicherheitsdienst. Der Sicherheitsdienst hat versucht, Passagieren gewaltsam aus dem Flugzeug zu zerren. Das Video, welches aufgezeichnet wurde, verbreitete sich rasant im Internet und daraufhin kam ein Shitstorm zustande. Als die United Airlines sich bezüglich des Vorfalls zu Wort meldete, gaben sie den Passagieren die Schuld. Daraufhin kam es zu noch mehr Kritik und Hetze gegenüber der Fluglinie. Erst nachdem das ratlos geblieben war, gab der CEO Oscar Munoz ein Statement auf Twitter ab und entschuldigte sich für den Vorfall. Dies war jedoch nicht der einzige Skandal der Fluglinie. In der Vergangenheit hatte die Fluglinie zwei Mädchen aufgrund ihrer Kleidung verboten, an Bord zu gehen. Deshalb wird die United Airlines bis heute kritisiert und sie

---

[8] O.V.: Menschenrechte Einigung in Starbucks Rassismus-Affäre, vom 03.05.2023, unter: https://www.dw.com/de/einigung-in-starbucks-rassismus-affäre/a-43631023, Aufruf am: 29.07.2023

können immer noch nicht mit Shitstorm umgehen. Diese Vorfälle haben sich bis heute negativ auf die Reputation des Unternehmens ausgelöst.[9]

6. Fazit

In dieser Hausarbeit wurde aufgezeigt, wie Unternehmen mit Shitstorm umgehen und diesen in positive Impulse umwandeln können. Diese Arbeit hat gezeigt, dass Social-Media eine enorm hohe Bedeutung für Unternehmen hat. In dieser Arbeit wird auch deutlich, dass der Shitstorm viele verschiedene Ursachen und Auslöser haben kann, hierzu zählen z. B. falsche Meinungsäußerungen oder Handlungen. Ein Shitstorm breitet sich nicht schnell, sondern in verschiedenen Phasen aus. Grundsätzlich werben immer 5 Phasen durchlebt. Handelt ein Unternehmen nicht schnell genug oder falsch, kann sich dies negativ auf die Reputation auswirken. Unternehmen und Organisationen müssen ihre Social-Media-Kanäle im Auge behalten und auf die negative Kritik eingehen, anstatt diese zu löschen oder zu ignorieren. Zwangsläufig sind Shitstorms unvermeidbar, wenn verschiedene Präventivmaßnahmen durchgeführt werden.

---

[9] O.V.: United Airlines-Passagier wird mit Gewalt aus überbuchten Flugzeug gezerrt, vom 11.04.2017, unter: https://www.spiegel.de/reise/aktuell/united-airlines-passagier-wird-mit-gewalt-aus-ueberbuchtem-flugzeug-gezerrt-a-1142760.html#, Aufruf am: 30.07.2023

7. Literaturverzeichnis

Buchquellen

Heymann-Reder, D.: Social Media Marketing Erfolgreiche Strategien für Sie und Ihr Unternehmen, 1. Auflage,2011,

Thießen, A, : Handbuch Krisenmanagement, 2.Auflage 2014

Internetquellen

Bendel, Prof. Dr. O, : Shitstorm Definition: ‚Was ist Shitstorm?'', unter: https://wirtschaftslexikon.gabler.de/definition/shitstorm-123243, Aufruf am: 11.07.2023

Lies, Prof. Dr. J.: Reputationsmanagement Definition: Was ist ,,Reputationsmanagement", unter:

https://wirtschaftslexikon.gabler.de/definition/reputationsmanagement-

52687#:~:text=Begriff%3A%20Das%20Reputationsmanagement%20umfasst%20Planung,gruppen

bezogenen%20Wahrnehmungs%2D%20und%20Interpretationsvorgängen%20ergibt., Aufruf am:

01.07.2023

O.V.: Reputationsmanagement: Wie Sie sich von der besten Seite zeigen, vom 22.05.2020, unter:

https://www.ionos.de/digitalguide/online-marketing/verkaufen-im-internet/was-bedeutet-

reputationsmanagement/, Aufruf am 03.07.2023

O.V.: Menschenrechte Einigung in Starbucks Rassismus-Affäre, vom 03.05.2023, unter:

https://www.dw.com/de/einigung-in-starbucks-rassismus-affäre/a-43631023, Aufruf am: 29.07.2023

O.V.: Shitstorm: Definition Beispiele und wie du bestmöglichst mit der Empörungswelle

umgehst,vom: 27.06.2023, unter: https://www.acquisa.de/magazin/shitstorm, Aufruf am: 25.07.2023

O.V.: United Airlines-Passagier wird mit Gewalt aus überbuchten Flugzeug gezerrt, vom 11.04.2017, unter:

https://www.spiegel.de/reise/aktuell/united-airlines-passagier-wird-mit-gewalt-aus-ueberbuchtem-

flugzeug-gezerrt-a-1142760.html#, Aufruf am: 30.07.2023